GUÍA DEL MAESTRO
EMPODERE A SUS NIÑOS

Enseñe a los niños a hacer preguntas significativas,

reconocer los prejuicios y defenderse

por sí mismos.

Thomas Rowley, PhD

Traducción por la Licda. María Guiselle Solano A.

GUÍA DEL MAESTRO EMPODERE A SUS NIÑOS

Enseñe a los niños a hacer preguntas significativas, reconocer los prejuicios y defenderse por sí mismos.

Copyright © 2022 por Thomas Rowley, Ph.D.

Reservados todos los derechos. Ninguna parte de esta publicación puede ser reproducida, distribuida o transmitida en cualquier forma o por cualquier medio, incluyendo fotocopias, grabaciones u otros métodos electrónicos o mecánicos, sin la previa autorización por escrito del editor, excepto en el caso de citas breves incorporadas en reseñas críticas y ciertos otros usos no comerciales permitidos por la ley de derechos de autor.

El editor / autor permite expresamente al comprador de este libro hacer copias ilimitadas de las páginas del plan de lección para su uso particular, siempre que incluya los derechos de autor y el título del libro en el pie de página en la parte inferior de las páginas del plan de lecciones.

El cumplimiento de todas las leyes y regulaciones aplicables, incluidas las de gobierno internacional, federal, estatal y local, licencias profesionales, prácticas comerciales, publicidad y todos los demás aspectos comerciales en los EE. UU., Canadá o cualquier otra jurisdicción es responsabilidad exclusiva del lector y consumidor.

Ni el autor ni el editor asumen responsabilidad alguna en nombre del consumidor o lector de este material. Si se percibe alguna ofensa contra cualquier individuo u organización es puramente involuntaria. Los recursos de este libro se proporcionan solo con fines informativos y no deben utilizarse para reemplazar la formación especializada y el juicio de un profesional de la educación, ni las regulaciones locales, regionales o estatales que rigen la educación pública.

Ni el autor ni el editor se hacen responsables del uso de la información proporcionada en este libro.

ISBN: 978-1-7370353-4-3 Guía del maestro (inglés)   978-1-7370353-6-7 (español)

978-1-7370353-2-9 Libro electrónico

978-1-7370353-3-6 Edición de bolsillo

978-1-7370353-5-0 Edición de tapa dura

LCCN 2022900714

Prefacio

Como autor del libro EMPOWER YOUR CHILDREN- Enséñeles a los niños a hacer preguntas significativas, a reconocer prejuicios y a defenderse por sí mismos, creo que el pensamiento crítico (CT) es importante.

Es una obligación combinada, tanto de los padres como de los profesores, hacer que los estudiantes se acostumbren a descubrir quién escribió el material que están estudiando, por qué el autor lo escribió y para qué audiencia lo escribió. Eso suele quedar claro leyendo el prefacio y haciendo al menos una investigación superficial sobre la reputación y confiabilidad del autor o autores.

Esta guía proporciona una hoja de trabajo para cada clase con notas y recordatorios sobre cómo utilizar las preguntas con cada texto o artículo que se cubre en esa lección.

Se incluye una serie de veintiséis hojas de trabajo para un horario de dos semestres, notas del maestro para la implementación, y el tiempo que debe asignarse en cada clase a los aspectos de CT.

Son páginas de dos caras con espacios abiertos para las notas del profesor.

La primera página es una planificación del maestro que incluye:

- Tema del día.
- El autor y sus credenciales.
- Por qué es valioso que el alumno comprenda esto y cómo se aplica a ellos.
- Cómo el profesor desarrollará y abordará la asignatura: lección / preguntas y respuestas / resumen con ejercicios de práctica para la aplicación y para demostrar comprensión.

K – 6:

Dependiendo del grado, lea el prefacio y explíquelo a la clase o pida a los estudiantes que lo lean. Si hay estudiantes con dificultades para leer o hablar, esta es una buena oportunidad para que practiquen. Solicite un voluntario o asigne a un estudiante para que lo lea en voz alta a la clase.

Pero REVISE el prefacio del libro con la clase; les dará una idea de por qué el autor invirtió el esfuerzo por escribir el material y, a menudo, identifica al público objetivo, su "avatar". Como facilitador, animo a los maestros a convertirse en Promotores.

En los grados K-6, el profesor será el investigador y explicará las cuatro preguntas a la clase.

K – 7 u 8

En el año / grado 7º, recomiendo un período de clase de una hora semanal dedicado a una investigación más profunda de una noticia local de importancia.

Recomendación: Para las dos primeras sesiones, el profesor selecciona algo de la portada del periódico local como base de la discusión. Sí, sé que los estudiantes probablemente no lean periódicos, pero estos están en línea y se pueden leer. El objetivo del ejercicio es concienciar a los jóvenes sobre lo que sucede a su alrededor, en su vecindario, comunidad y región y en el mundo, ya que están tan conectados ahora con sus dispositivos de mano.

Durante las próximas semanas, dependiendo de los niveles de habilidad de sus estudiantes, el maestro debe proporcionar tres temas opcionales extraídos de eventos actuales, noticias o un tema relacionado con el material de la clase específicamente para que los estudiantes elijan ser la base de SUS investigaciones para responder las preguntas.

Escuela secundaria

El estudiante de segundo año de secundaria se define en el diccionario Webster como "engreído y demasiado confiado en el conocimiento, pero mal informado e inmaduro". Décimo año es el año perfecto para reforzar el tema de evaluar las fuentes y la confiabilidad de la información. Los estudiantes de segundo año a menudo disfrutan desafiando la autoridad, por lo que puede parecer contraproducente proporcionarles municiones para hacerlo. Sin embargo, SI se les ha inculcado en la escuela primaria el concepto de evaluar las fuentes de información, esto será una revisión para ellos y tiene el potencial de reducir su exceso de confianza y elevar su nivel de madurez.

Además de evaluar la precisión y confiabilidad de los autores de los textos y artículos que los estudiantes deben leer, los maestros y consejeros deben alentar a los estudiantes de secundaria a investigar y analizar la motivación y la reputación de la fuente de la mayoría de las noticias en: Internet y plataformas de redes sociales.

A lo largo de la escuela secundaria, cuando se les guía adecuadamente, estos jóvenes consumidores se darán cuenta de que la mayor parte de lo que está en línea es poco más que una opinión y perspectiva personal y, a menudo, intencionalmente engañosa.

Recuerde, nuestro objetivo es desarrollar habilidades para la vida que mejoren la capacidad del estudiante para tomar decisiones efectivas basadas en datos confiables.

Colegio o universidad:

En el primer año de la universidad, el autor recomienda desarrollar un curso semestral de al menos dos créditos horas para que los estudiantes novatos aprendan y comprendan las mejores prácticas para evaluar informes y estudios académicos que encontrarán y utilizarán como base para sus propios trabajos de investigación o tesis.

Por una década, el autor de EMPOWER YOUR CHILDREN (EMPODERE A SUS NIÑOS) enseñó un curso de oratoria empresarial y profesional que comenzó con la exposición de sus estudiantes al desarrollo de estas habilidades de pensamiento crítico en el primer tercio del curso. Los comentarios de sus alumnos fueron abrumadoramente positivos. Ellos revelaron que el material y los procedimientos aprendidos en su clase habían mejorado sus estudios posteriores y las presentaciones que hicieron durante sus clases.

El autor anima a otros profesores a leer el libro para el que se ha elaborado esta Guía. El editor del libro ha desarrollado varios cursos de capacitación en línea y talleres en vivo que incluyen diapositivas y materiales adicionales que están disponibles para su compra con descuento para profesionales calificados de la educación.

Los invito a visitar el sitio web www.blameitonnam.com/courses para descubrir lo que está disponible actualmente y si hay algún programa de talleres que sea conveniente para usted.

El objetivo es que el maestro y los estudiantes sean competentes en la evaluación de las fuentes de información y sean capaces de evaluar la confiabilidad y precisión de los informes para poder utilizar hechos verificables en su información personal, la toma de decisiones y cómo elegir las reacciones y respuestas a la información.

La última página sirve como autoevaluación de la eficacia del ejercicio:

- Notas sobre las respuestas de los estudiantes (positivas / neutrales / negativas).
- ¿Qué salió bien?
- ¿Qué no salió según lo planeado o anticipado?
- ¿Qué haría el maestro de manera diferente la próxima vez para mejorar la participación, comprensión y crecimiento?

Mi admiración y reconocimiento a cada uno de ustedes por sus esfuerzos para mejorar el desarrollo de habilidades para la vida útil en sus estudiantes. Habilidades que les permitirán convertirse en adultos exitosos y productivos. Tu vida y la de ellos mejorará por ello.

Tom Rowley

Ciudad de Panamá, Panamá
Enero de 2022

Una guía para profesores
Introducción y resumen general

El objetivo de esta guía es proporcionar una forma sencilla de incorporar en sus planes de lecciones diarias y semanales un método fácil para presentar los conceptos que convertirán a sus estudiantes en pensadores críticos, relacionados directamente al tema que están aprendiendo. Comience con las primeras clases.

Si ha leído mi libro, **EMPODERE A SUS NIÑOS**, es posible que se haya conectado a nuestra página web y haya recibido el regalo de las Cuatro Q:

1. ¿Quién dice?
2. ¿Qué importancia tiene para mí?
3. ¿Qué razones tengo para creerle?
4. ¿Qué pruebas me presenta?

Todos necesitamos fomentar la curiosidad natural de los niños e inculcar el hábito de hacer estas cuatro preguntas sobre la información que se nos presenta. Esas preguntas se responden preguntando: ¿Quién lo escribió? ¿Cuándo se publicó? ¿Cuál es la experiencia o pericia del escritor para considerarse una "autoridad" en el tema? ¿Cuál fue el objetivo del autor al escribir el material? ¿Cuál es el público al que se dirige el autor?

Mi **PORQUÉ**. Vi a los funcionarios públicos proponer una serie de decisiones para cambiar la vida tales como destrezas para la solución de problemas y concluí que, aparte de la política, ha habido una falla en la educación para proporcionar el debido pensamiento crítico y las habilidades para que las personas tomen decisiones bien informadas. Creo que hay una solución relativamente simple para estos problemas complejos. Tenga en cuenta que no he dicho que sea fácil. El problema tiene muchas capas y jugadores. Es complejo. La solución no es compleja, pero sí complicada. Hay muchas partes en movimiento, -- o en algunos casos atascadas -- que necesitan ser cambiadas.

Y, aparentemente, estás de acuerdo o no habrías invertido para convertirte en uno de los cuadros de **Maestros Promotores** que quieran incorporar estas técnicas a su caja de herramientas y utilizarlas sin presiones ni amenazas para construir el hábito en sus estudiantes.

Mi **QUÉ** es el objetivo de agregar capacitación en habilidades de pensamiento crítico al plan de estudios de K-12 y primer año de la universidad. Cada estudiante debe aprender a ser un **escéptico respetuoso.**

Mi **CÓMO** es que deberíamos crear un cuadro de miles de Aprendices (Apprentices) y Desafiadores (Challengers). Pero para alcanzar altas expectativas con respecto a un cambio positivo en la educación pública, estoy convencido de que necesitamos tener miles de Maestros Promotores. Esto comienza con miles de Desafiadores a nivel individual. Hogar. Familia. Colegio. Padres y abuelos que demuestren pensamiento crítico al discutir los eventos del día y preguntar qué están estudiando sus hijos y qué les están diciendo sus maestros.

Los profesores y los consejeros ocupan una posición respetada en la vida de los jóvenes. Son admirados como modelos a seguir. Los maestros que demuestren diariamente esas habilidades en las asignaciones del aula K-12 tendrán un impacto en sus estudiantes que durará toda la vida, mucho después de su graduación. Puede que nunca olviden a ese maestro especial, el que los animó a preguntar las Cuatro Q y demostró la utilidad y el valor de hacer preguntas.

En este movimiento se incluyen los entrenadores y guías de organizaciones juveniles, actividades deportivas e incluso, las actividades religiosas para los jóvenes. Cuando esos líderes demuestren un pensamiento y análisis cuidadosos basados en hechos, anclará el concepto en esas mentes jóvenes para toda la vida.

Sus estudiantes aprenderán a tomar decisiones diarias basadas en hechos. Cuando los estudiantes hagan eso, tendrán una visión realista de cuál es el resultado probable de las elecciones diarias que hacemos cada uno de nosotros, como qué comer y a quién escoger como amigo y emular. Se convertirán en los adultos productivos y exitosos, que todos los padres y maestros desean ver en los jóvenes que tienen bajo su responsabilidad.

Los maestros promotores ocupan una posición única para cambiar vidas para lo mejor. La mayoría de ustedes ya saben eso, pero permítame alentarlo y felicitarlo por tomar estos pasos para presentar habilidades de investigación a los jóvenes a su cuidado.

El cambio efectivo y duradero primero tiene que ser personal. Debemos empezar en casa. Usted y los padres del estudiante son socios en este digno esfuerzo. Anime a sus estudiantes a hablar con sus padres sobre lo que están aprendiendo y cómo usted los está ayudando a aprender CÓMO aprender, no solamente qué saber para ser promovido al siguiente nivel.

Plan de lección para incorporar el pensamiento crítico

Clase / semana No: _____ Grado: _____

Tema de la clase: _____

¿Por qué es valioso que el alumno comprenda esto: WIFM (What's In It For Me)? (Que hay aquí para mi)?
_____
_____

¿Cómo el profesor desarrollará y abordará la asignatura: clase magistral / preguntas y respuestas / resumen con ejercicios para que practique la comprensión de la aplicación y la demostración?:
_____
_____

¿Qué material de lectura y de apoyo proporcionó a los estudiantes?:
_____
_____

Autor: _____

Educación y experiencia del autor: _____

Reputación y perfil público del autor: _____

Preguntas mientras los estudiantes trabajan el material del día (Los estudiantes WIFM):

¿Por qué el autor incluyó este material?
_____

¿Cómo se integra este material con otros materiales / lecturas / presentaciones que han tenido?
_____

¿Cuál es el valor para el estudiante de aprender sobre esto?
_____

¿Cómo puede el alumno incorporar el material a su vida diaria?
_____

¿Cómo les brinda este material una habilidad que pueden usar para tomar mejores decisiones?
_____

Evaluación posterior a la clase de la eficacia del ejercicio

En una escala del 1 al 5, ¿cómo calificaría la actividad general y la experiencia de aprendizaje de los estudiantes? (1 siendo pobre o muy poco, 5 excelente)?

1 2 3 4 5

¿El ejercicio aumentó la participación y la acción de los estudiantes en la lección?
_____
_____

¿La información sobre el autor y sus antecedentes invitó a preguntas activas y al debate por los estudiantes?
_____
_____

¿Los estudiantes vieron la relación entre las actividades de la clase de hoy y otras clases o cursos por otros profesores?
_____
_____

¿Demostraron los estudiantes cómo podían aplicar lo que estaban escuchando o discutiendo en sus actividades del día a día?
_____
_____

¿Qué haría usted, maestro, de manera diferente la próxima vez?
_____
_____
_____
_____

Plan de lección para incorporar el pensamiento crítico

Clase / semana No: _____ Grado: _____

Tema de la clase: _____

¿Por qué es valioso que el alumno comprenda esto: WIFM (What's In It For Me)? (Que hay aquí para mi)?
_____
_____

¿Cómo el profesor desarrollará y abordará la asignatura: clase magistral / preguntas y respuestas / resumen con ejercicios para que practique la comprensión de la aplicación y la demostración?:
_____
_____

¿Qué material de lectura y de apoyo proporcionó a los estudiantes?:
_____
_____

Autor: _____

Educación y experiencia del autor: _____

Reputación y perfil público del autor: _____

Preguntas mientras los estudiantes trabajan el material del día (Los estudiantes WIFM):

¿Por qué el autor incluyó este material?
_____

¿Cómo se integra este material con otros materiales / lecturas / presentaciones que han tenido?
_____

¿Cuál es el valor para el estudiante de aprender sobre esto?
_____

¿Cómo puede el alumno incorporar el material a su vida diaria?
_____

¿Cómo les brinda este material una habilidad que pueden usar para tomar mejores decisiones?
_____

© 2022 Guía Del Maestro Empodere A Sus Niños

Evaluación posterior a la clase de la eficacia del ejercicio

En una escala del 1 al 5, ¿cómo calificaría la actividad general y la experiencia de aprendizaje de los estudiantes? (1 siendo pobre o muy poco, 5 excelente)?

1   2   3   4   5

¿El ejercicio aumentó la participación y la acción de los estudiantes en la lección?
_____
_____

¿La información sobre el autor y sus antecedentes invitó a preguntas activas y al debate por los estudiantes?
_____
_____

¿Los estudiantes vieron la relación entre las actividades de la clase de hoy y otras clases o cursos por otros profesores?
_____
_____

¿Demostraron los estudiantes cómo podían aplicar lo que estaban escuchando o discutiendo en sus actividades del día a día?
_____
_____

¿Qué haría usted, maestro, de manera diferente la próxima vez?
_____
_____
_____
_____

Plan de lección para incorporar el pensamiento crítico

Clase / semana No: _____ Grado: _____

Tema de la clase: _____

¿Por qué es valioso que el alumno comprenda esto: WIFM (What's In It For Me)? (Que hay aquí para mi)?
_____
_____

¿Cómo el profesor desarrollará y abordará la asignatura: clase magistral / preguntas y respuestas / resumen con ejercicios para que practique la comprensión de la aplicación y la demostración?:
_____
_____

¿Qué material de lectura y de apoyo proporcionó a los estudiantes?:
_____
_____

Autor: _____

Educación y experiencia del autor: _____

Reputación y perfil público del autor: _____

Preguntas mientras los estudiantes trabajan el material del día (Los estudiantes WIFM):

¿Por qué el autor incluyó este material?
_____

¿Cómo se integra este material con otros materiales / lecturas / presentaciones que han tenido?
_____

¿Cuál es el valor para el estudiante de aprender sobre esto?
_____

¿Cómo puede el alumno incorporar el material a su vida diaria?
_____

¿Cómo les brinda este material una habilidad que pueden usar para tomar mejores decisiones?
_____

Evaluación posterior a la clase de la eficacia del ejercicio

En una escala del 1 al 5, ¿cómo calificaría la actividad general y la experiencia de aprendizaje de los estudiantes? (1 siendo pobre o muy poco, 5 excelente)?

1   2   3   4   5

¿El ejercicio aumentó la participación y la acción de los estudiantes en la lección?
_____
_____

¿La información sobre el autor y sus antecedentes invitó a preguntas activas y al debate por los estudiantes?
_____
_____

¿Los estudiantes vieron la relación entre las actividades de la clase de hoy y otras clases o cursos por otros profesores?
_____
_____

¿Demostraron los estudiantes cómo podían aplicar lo que estaban escuchando o discutiendo en sus actividades del día a día?
_____
_____

¿Qué haría usted, maestro, de manera diferente la próxima vez?
_____
_____
_____
_____

Plan de lección para incorporar el pensamiento crítico

Clase / semana No: _____ Grado: _____

Tema de la clase: _____

¿Por qué es valioso que el alumno comprenda esto: WIFM (What's In It For Me)? (Que hay aquí para mi)?
_____
_____

¿Cómo el profesor desarrollará y abordará la asignatura: clase magistral / preguntas y respuestas / resumen con ejercicios para que practique la comprensión de la aplicación y la demostración?:
_____
_____

¿Qué material de lectura y de apoyo proporcionó a los estudiantes?:
_____
_____

Autor: _____

Educación y experiencia del autor: _____

Reputación y perfil público del autor: _____

Preguntas mientras los estudiantes trabajan el material del día (Los estudiantes WIFM):

¿Por qué el autor incluyó este material?
_____

¿Cómo se integra este material con otros materiales / lecturas / presentaciones que han tenido?
_____

¿Cuál es el valor para el estudiante de aprender sobre esto?
_____

¿Cómo puede el alumno incorporar el material a su vida diaria?
_____

¿Cómo les brinda este material una habilidad que pueden usar para tomar mejores decisiones?
_____

Evaluación posterior a la clase de la eficacia del ejercicio

En una escala del 1 al 5, ¿cómo calificaría la actividad general y la experiencia de aprendizaje de los estudiantes? (1 siendo pobre o muy poco, 5 excelente)?

1   2   3   4   5

¿El ejercicio aumentó la participación y la acción de los estudiantes en la lección?
_____
_____

¿La información sobre el autor y sus antecedentes invitó a preguntas activas y al debate por los estudiantes?
_____
_____

¿Los estudiantes vieron la relación entre las actividades de la clase de hoy y otras clases o cursos por otros profesores?
_____
_____

¿Demostraron los estudiantes cómo podían aplicar lo que estaban escuchando o discutiendo en sus actividades del día a día?
_____
_____

¿Qué haría usted, maestro, de manera diferente la próxima vez?
_____
_____
_____
_____

Plan de lección para incorporar el pensamiento crítico

Clase / semana No: _____ Grado: _____

Tema de la clase: _____

¿Por qué es valioso que el alumno comprenda esto: WIFM (What's In It For Me)? (Que hay aquí para mi)?
_____
_____

¿Cómo el profesor desarrollará y abordará la asignatura: clase magistral / preguntas y respuestas / resumen con ejercicios para que practique la comprensión de la aplicación y la demostración?:
_____
_____

¿Qué material de lectura y de apoyo proporcionó a los estudiantes?:
_____
_____

Autor: _____

Educación y experiencia del autor: _____

Reputación y perfil público del autor: _____

Preguntas mientras los estudiantes trabajan el material del día (Los estudiantes WIFM):

¿Por qué el autor incluyó este material?
_____

¿Cómo se integra este material con otros materiales / lecturas / presentaciones que han tenido?
_____

¿Cuál es el valor para el estudiante de aprender sobre esto?
_____

¿Cómo puede el alumno incorporar el material a su vida diaria?
_____

¿Cómo les brinda este material una habilidad que pueden usar para tomar mejores decisiones?
_____

Evaluación posterior a la clase de la eficacia del ejercicio

En una escala del 1 al 5, ¿cómo calificaría la actividad general y la experiencia de aprendizaje de los estudiantes? (1 siendo pobre o muy poco, 5 excelente)?

1   2   3   4   5

¿El ejercicio aumentó la participación y la acción de los estudiantes en la lección?
_____
_____

¿La información sobre el autor y sus antecedentes invitó a preguntas activas y al debate por los estudiantes?
_____
_____

¿Los estudiantes vieron la relación entre las actividades de la clase de hoy y otras clases o cursos por otros profesores?
_____
_____

¿Demostraron los estudiantes cómo podían aplicar lo que estaban escuchando o discutiendo en sus actividades del día a día?
_____
_____

¿Qué haría usted, maestro, de manera diferente la próxima vez?
_____
_____
_____
_____

Plan de lección para incorporar el pensamiento crítico

Clase / semana No: _____ Grado: _____

Tema de la clase: _____

¿Por qué es valioso que el alumno comprenda esto: WIFM (What's In It For Me)? (Que hay aquí para mi)?
_____
_____

¿Cómo el profesor desarrollará y abordará la asignatura: clase magistral / preguntas y respuestas / resumen con ejercicios para que practique la comprensión de la aplicación y la demostración?:
_____
_____

¿Qué material de lectura y de apoyo proporcionó a los estudiantes?:
_____
_____

Autor: _____

Educación y experiencia del autor: _____

Reputación y perfil público del autor: _____

Preguntas mientras los estudiantes trabajan el material del día (Los estudiantes WIFM):

¿Por qué el autor incluyó este material?
_____

¿Cómo se integra este material con otros materiales / lecturas / presentaciones que han tenido?
_____

¿Cuál es el valor para el estudiante de aprender sobre esto?
_____

¿Cómo puede el alumno incorporar el material a su vida diaria?
_____

¿Cómo les brinda este material una habilidad que pueden usar para tomar mejores decisiones?
_____

© 2022 Guía Del Maestro Empodere A Sus Niños

Evaluación posterior a la clase de la eficacia del ejercicio

En una escala del 1 al 5, ¿cómo calificaría la actividad general y la experiencia de aprendizaje de los estudiantes? (1 siendo pobre o muy poco, 5 excelente)?

1   2   3   4   5

¿El ejercicio aumentó la participación y la acción de los estudiantes en la lección?
_____
_____

¿La información sobre el autor y sus antecedentes invitó a preguntas activas y al debate por los estudiantes?
_____
_____

¿Los estudiantes vieron la relación entre las actividades de la clase de hoy y otras clases o cursos por otros profesores?
_____
_____

¿Demostraron los estudiantes cómo podían aplicar lo que estaban escuchando o discutiendo en sus actividades del día a día?
_____
_____

¿Qué haría usted, maestro, de manera diferente la próxima vez?
_____
_____
_____
_____

Plan de lección para incorporar el pensamiento crítico

Clase / semana No: _____ Grado: _____

Tema de la clase: _____

¿Por qué es valioso que el alumno comprenda esto: WIFM (What's In It For Me)? (Que hay aquí para mi)?
_____
_____

¿Cómo el profesor desarrollará y abordará la asignatura: clase magistral / preguntas y respuestas / resumen con ejercicios para que practique la comprensión de la aplicación y la demostración?:
_____
_____

¿Qué material de lectura y de apoyo proporcionó a los estudiantes?:
_____
_____

Autor: _____

Educación y experiencia del autor: _____

Reputación y perfil público del autor: _____

Preguntas mientras los estudiantes trabajan el material del día (Los estudiantes WIFM):

¿Por qué el autor incluyó este material?
_____

¿Cómo se integra este material con otros materiales / lecturas / presentaciones que han tenido?
_____

¿Cuál es el valor para el estudiante de aprender sobre esto?
_____

¿Cómo puede el alumno incorporar el material a su vida diaria?
_____

¿Cómo les brinda este material una habilidad que pueden usar para tomar mejores decisiones?
_____

Evaluación posterior a la clase de la eficacia del ejercicio

En una escala del 1 al 5, ¿cómo calificaría la actividad general y la experiencia de aprendizaje de los estudiantes? (1 siendo pobre o muy poco, 5 excelente)?

1   2   3   4   5

¿El ejercicio aumentó la participación y la acción de los estudiantes en la lección?
_____
_____

¿La información sobre el autor y sus antecedentes invitó a preguntas activas y al debate por los estudiantes?
_____
_____

¿Los estudiantes vieron la relación entre las actividades de la clase de hoy y otras clases o cursos por otros profesores?
_____
_____

¿Demostraron los estudiantes cómo podían aplicar lo que estaban escuchando o discutiendo en sus actividades del día a día?
_____
_____

¿Qué haría usted, maestro, de manera diferente la próxima vez?
_____
_____
_____
_____

Plan de lección para incorporar el pensamiento crítico

Clase / semana No: _____ Grado: _____

Tema de la clase: _____

¿Por qué es valioso que el alumno comprenda esto: WIFM (What's In It For Me)? (Que hay aquí para mi)?
_____
_____

¿Cómo el profesor desarrollará y abordará la asignatura: clase magistral / preguntas y respuestas / resumen con ejercicios para que practique la comprensión de la aplicación y la demostración?:
_____
_____

¿Qué material de lectura y de apoyo proporcionó a los estudiantes?:
_____
_____

Autor: _____

Educación y experiencia del autor: _____

Reputación y perfil público del autor: _____

Preguntas mientras los estudiantes trabajan el material del día (Los estudiantes WIFM):

¿Por qué el autor incluyó este material?
_____

¿Cómo se integra este material con otros materiales / lecturas / presentaciones que han tenido?
_____

¿Cuál es el valor para el estudiante de aprender sobre esto?
_____

¿Cómo puede el alumno incorporar el material a su vida diaria?
_____

¿Cómo les brinda este material una habilidad que pueden usar para tomar mejores decisiones?
_____

Evaluación posterior a la clase de la eficacia del ejercicio

En una escala del 1 al 5, ¿cómo calificaría la actividad general y la experiencia de aprendizaje de los estudiantes? (1 siendo pobre o muy poco, 5 excelente)?

1   2   3   4   5

¿El ejercicio aumentó la participación y la acción de los estudiantes en la lección?
_____
_____

¿La información sobre el autor y sus antecedentes invitó a preguntas activas y al debate por los estudiantes?
_____
_____

¿Los estudiantes vieron la relación entre las actividades de la clase de hoy y otras clases o cursos por otros profesores?
_____
_____

¿Demostraron los estudiantes cómo podían aplicar lo que estaban escuchando o discutiendo en sus actividades del día a día?
_____
_____

¿Qué haría usted, maestro, de manera diferente la próxima vez?
_____
_____
_____
_____

Plan de lección para incorporar el pensamiento crítico

Clase / semana No: _____ Grado: _____

Tema de la clase: _____

¿Por qué es valioso que el alumno comprenda esto: WIFM (What's In It For Me)? (Que hay aquí para mi)?
_____
_____

¿Cómo el profesor desarrollará y abordará la asignatura: clase magistral / preguntas y respuestas / resumen con ejercicios para que practique la comprensión de la aplicación y la demostración?:
_____
_____

¿Qué material de lectura y de apoyo proporcionó a los estudiantes?:
_____
_____

Autor: _____

Educación y experiencia del autor: _____

Reputación y perfil público del autor: _____

Preguntas mientras los estudiantes trabajan el material del día (Los estudiantes WIFM):

¿Por qué el autor incluyó este material?
_____

¿Cómo se integra este material con otros materiales / lecturas / presentaciones que han tenido?
_____

¿Cuál es el valor para el estudiante de aprender sobre esto?
_____

¿Cómo puede el alumno incorporar el material a su vida diaria?
_____

¿Cómo les brinda este material una habilidad que pueden usar para tomar mejores decisiones?
_____

Evaluación posterior a la clase de la eficacia del ejercicio

En una escala del 1 al 5, ¿cómo calificaría la actividad general y la experiencia de aprendizaje de los estudiantes? (1 siendo pobre o muy poco, 5 excelente)?

1   2   3   4   5

¿El ejercicio aumentó la participación y la acción de los estudiantes en la lección?
_____
_____

¿La información sobre el autor y sus antecedentes invitó a preguntas activas y al debate por los estudiantes?
_____
_____

¿Los estudiantes vieron la relación entre las actividades de la clase de hoy y otras clases o cursos por otros profesores?
_____
_____

¿Demostraron los estudiantes cómo podían aplicar lo que estaban escuchando o discutiendo en sus actividades del día a día?
_____
_____

¿Qué haría usted, maestro, de manera diferente la próxima vez?
_____
_____
_____
_____

Plan de lección para incorporar el pensamiento crítico

Clase / semana No: _____ Grado: _____

Tema de la clase: _____

¿Por qué es valioso que el alumno comprenda esto: WIFM (What's In It For Me)? (Que hay aquí para mi)?
_____
_____

¿Cómo el profesor desarrollará y abordará la asignatura: clase magistral / preguntas y respuestas / resumen con ejercicios para que practique la comprensión de la aplicación y la demostración?:
_____
_____

¿Qué material de lectura y de apoyo proporcionó a los estudiantes?:
_____
_____

Autor: _____

Educación y experiencia del autor: _____

Reputación y perfil público del autor: _____

Preguntas mientras los estudiantes trabajan el material del día (Los estudiantes WIFM):

¿Por qué el autor incluyó este material?
_____

¿Cómo se integra este material con otros materiales / lecturas / presentaciones que han tenido?
_____

¿Cuál es el valor para el estudiante de aprender sobre esto?
_____

¿Cómo puede el alumno incorporar el material a su vida diaria?
_____

¿Cómo les brinda este material una habilidad que pueden usar para tomar mejores decisiones?
_____

Evaluación posterior a la clase de la eficacia del ejercicio

En una escala del 1 al 5, ¿cómo calificaría la actividad general y la experiencia de aprendizaje de los estudiantes? (1 siendo pobre o muy poco, 5 excelente)?

1   2   3   4   5

¿El ejercicio aumentó la participación y la acción de los estudiantes en la lección?
_____
_____

¿La información sobre el autor y sus antecedentes invitó a preguntas activas y al debate por los estudiantes?
_____
_____

¿Los estudiantes vieron la relación entre las actividades de la clase de hoy y otras clases o cursos por otros profesores?
_____
_____

¿Demostraron los estudiantes cómo podían aplicar lo que estaban escuchando o discutiendo en sus actividades del día a día?
_____
_____

¿Qué haría usted, maestro, de manera diferente la próxima vez?
_____
_____
_____
_____

Plan de lección para incorporar el pensamiento crítico

Clase / semana No: _____ Grado: _____

Tema de la clase: _____

¿Por qué es valioso que el alumno comprenda esto: WIFM (What's In It For Me)? (Que hay aquí para mi)?

_____
_____

¿Cómo el profesor desarrollará y abordará la asignatura: clase magistral / preguntas y respuestas / resumen con ejercicios para que practique la comprensión de la aplicación y la demostración?:

_____
_____

¿Qué material de lectura y de apoyo proporcionó a los estudiantes?:

_____
_____

Autor: _____

Educación y experiencia del autor: _____

Reputación y perfil público del autor: _____

Preguntas mientras los estudiantes trabajan el material del día (Los estudiantes WIFM):

¿Por qué el autor incluyó este material?

_____

¿Cómo se integra este material con otros materiales / lecturas / presentaciones que han tenido?

_____

¿Cuál es el valor para el estudiante de aprender sobre esto?

_____

¿Cómo puede el alumno incorporar el material a su vida diaria?

_____

¿Cómo les brinda este material una habilidad que pueden usar para tomar mejores decisiones?

_____

Evaluación posterior a la clase de la eficacia del ejercicio

En una escala del 1 al 5, ¿cómo calificaría la actividad general y la experiencia de aprendizaje de los estudiantes? (1 siendo pobre o muy poco, 5 excelente)?

1   2   3   4   5

¿El ejercicio aumentó la participación y la acción de los estudiantes en la lección?
_____
_____

¿La información sobre el autor y sus antecedentes invitó a preguntas activas y al debate por los estudiantes?
_____
_____

¿Los estudiantes vieron la relación entre las actividades de la clase de hoy y otras clases o cursos por otros profesores?
_____
_____

¿Demostraron los estudiantes cómo podían aplicar lo que estaban escuchando o discutiendo en sus actividades del día a día?
_____
_____

¿Qué haría usted, maestro, de manera diferente la próxima vez?
_____
_____
_____
_____

Plan de lección para incorporar el pensamiento crítico

Clase / semana No: _____ Grado: _____

Tema de la clase: _____

¿Por qué es valioso que el alumno comprenda esto: WIFM (What's In It For Me)? (Que hay aquí para mi)?
_____
_____

¿Cómo el profesor desarrollará y abordará la asignatura: clase magistral / preguntas y respuestas / resumen con ejercicios para que practique la comprensión de la aplicación y la demostración?:
_____
_____

¿Qué material de lectura y de apoyo proporcionó a los estudiantes?:
_____
_____

Autor: _____

Educación y experiencia del autor: _____

Reputación y perfil público del autor: _____

Preguntas mientras los estudiantes trabajan el material del día (Los estudiantes WIFM):

¿Por qué el autor incluyó este material?
_____

¿Cómo se integra este material con otros materiales / lecturas / presentaciones que han tenido?
_____

¿Cuál es el valor para el estudiante de aprender sobre esto?
_____

¿Cómo puede el alumno incorporar el material a su vida diaria?
_____

¿Cómo les brinda este material una habilidad que pueden usar para tomar mejores decisiones?
_____

Evaluación posterior a la clase de la eficacia del ejercicio

En una escala del 1 al 5, ¿cómo calificaría la actividad general y la experiencia de aprendizaje de los estudiantes? (1 siendo pobre o muy poco, 5 excelente)?

1   2   3   4   5

¿El ejercicio aumentó la participación y la acción de los estudiantes en la lección?
_____
_____

¿La información sobre el autor y sus antecedentes invitó a preguntas activas y al debate por los estudiantes?
_____
_____

¿Los estudiantes vieron la relación entre las actividades de la clase de hoy y otras clases o cursos por otros profesores?
_____
_____

¿Demostraron los estudiantes cómo podían aplicar lo que estaban escuchando o discutiendo en sus actividades del día a día?
_____
_____

¿Qué haría usted, maestro, de manera diferente la próxima vez?
_____
_____
_____
_____

Plan de lección para incorporar el pensamiento crítico

Clase / semana No: _____ Grado: _____

Tema de la clase: _____

¿Por qué es valioso que el alumno comprenda esto: WIFM (What's In It For Me)? (Que hay aquí para mi)?
_____
_____

¿Cómo el profesor desarrollará y abordará la asignatura: clase magistral / preguntas y respuestas / resumen con ejercicios para que practique la comprensión de la aplicación y la demostración?:
_____
_____

¿Qué material de lectura y de apoyo proporcionó a los estudiantes?:
_____
_____

Autor: _____

Educación y experiencia del autor: _____

Reputación y perfil público del autor: _____

Preguntas mientras los estudiantes trabajan el material del día (Los estudiantes WIFM):

¿Por qué el autor incluyó este material?
_____

¿Cómo se integra este material con otros materiales / lecturas / presentaciones que han tenido?
_____

¿Cuál es el valor para el estudiante de aprender sobre esto?
_____

¿Cómo puede el alumno incorporar el material a su vida diaria?
_____

¿Cómo les brinda este material una habilidad que pueden usar para tomar mejores decisiones?
_____

Evaluación posterior a la clase de la eficacia del ejercicio

En una escala del 1 al 5, ¿cómo calificaría la actividad general y la experiencia de aprendizaje de los estudiantes? (1 siendo pobre o muy poco, 5 excelente)?

1   2   3   4   5

¿El ejercicio aumentó la participación y la acción de los estudiantes en la lección?
_____
_____

¿La información sobre el autor y sus antecedentes invitó a preguntas activas y al debate por los estudiantes?
_____
_____

¿Los estudiantes vieron la relación entre las actividades de la clase de hoy y otras clases o cursos por otros profesores?
_____
_____

¿Demostraron los estudiantes cómo podían aplicar lo que estaban escuchando o discutiendo en sus actividades del día a día?
_____
_____

¿Qué haría usted, maestro, de manera diferente la próxima vez?
_____
_____
_____
_____

Plan de lección para incorporar el pensamiento crítico

Clase / semana No: _____ Grado: _____

Tema de la clase: _____

¿Por qué es valioso que el alumno comprenda esto: WIFM (What's In It For Me)? (Que hay aquí para mi)?
_____
_____

¿Cómo el profesor desarrollará y abordará la asignatura: clase magistral / preguntas y respuestas / resumen con ejercicios para que practique la comprensión de la aplicación y la demostración?:
_____
_____

¿Qué material de lectura y de apoyo proporcionó a los estudiantes?:
_____
_____

Autor: _____

Educación y experiencia del autor: _____

Reputación y perfil público del autor: _____

Preguntas mientras los estudiantes trabajan el material del día (Los estudiantes WIFM):

¿Por qué el autor incluyó este material?
_____

¿Cómo se integra este material con otros materiales / lecturas / presentaciones que han tenido?
_____

¿Cuál es el valor para el estudiante de aprender sobre esto?
_____

¿Cómo puede el alumno incorporar el material a su vida diaria?
_____

¿Cómo les brinda este material una habilidad que pueden usar para tomar mejores decisiones?
_____

Evaluación posterior a la clase de la eficacia del ejercicio

En una escala del 1 al 5, ¿cómo calificaría la actividad general y la experiencia de aprendizaje de los estudiantes? (1 siendo pobre o muy poco, 5 excelente)?

1   2   3   4   5

¿El ejercicio aumentó la participación y la acción de los estudiantes en la lección?
_____
_____

¿La información sobre el autor y sus antecedentes invitó a preguntas activas y al debate por los estudiantes?
_____
_____

¿Los estudiantes vieron la relación entre las actividades de la clase de hoy y otras clases o cursos por otros profesores?
_____
_____

¿Demostraron los estudiantes cómo podían aplicar lo que estaban escuchando o discutiendo en sus actividades del día a día?
_____
_____

¿Qué haría usted, maestro, de manera diferente la próxima vez?
_____
_____
_____
_____

Plan de lección para incorporar el pensamiento crítico

Clase / semana No: _____ Grado: _____

Tema de la clase: _____

¿Por qué es valioso que el alumno comprenda esto: WIFM (What's In It For Me)? (Que hay aquí para mi)?
_____
_____

¿Cómo el profesor desarrollará y abordará la asignatura: clase magistral / preguntas y respuestas / resumen con ejercicios para que practique la comprensión de la aplicación y la demostración?:
_____
_____

¿Qué material de lectura y de apoyo proporcionó a los estudiantes?:
_____
_____

Autor: _____

Educación y experiencia del autor: _____

Reputación y perfil público del autor: _____

Preguntas mientras los estudiantes trabajan el material del día (Los estudiantes WIFM):

¿Por qué el autor incluyó este material?
_____

¿Cómo se integra este material con otros materiales / lecturas / presentaciones que han tenido?
_____

¿Cuál es el valor para el estudiante de aprender sobre esto?
_____

¿Cómo puede el alumno incorporar el material a su vida diaria?
_____

¿Cómo les brinda este material una habilidad que pueden usar para tomar mejores decisiones?
_____

Evaluación posterior a la clase de la eficacia del ejercicio

En una escala del 1 al 5, ¿cómo calificaría la actividad general y la experiencia de aprendizaje de los estudiantes? (1 siendo pobre o muy poco, 5 excelente)?

1   2   3   4   5

¿El ejercicio aumentó la participación y la acción de los estudiantes en la lección?
_____
_____

¿La información sobre el autor y sus antecedentes invitó a preguntas activas y al debate por los estudiantes?
_____
_____

¿Los estudiantes vieron la relación entre las actividades de la clase de hoy y otras clases o cursos por otros profesores?
_____
_____

¿Demostraron los estudiantes cómo podían aplicar lo que estaban escuchando o discutiendo en sus actividades del día a día?
_____
_____

¿Qué haría usted, maestro, de manera diferente la próxima vez?
_____
_____
_____
_____

Plan de lección para incorporar el pensamiento crítico

Clase / semana No: _____ Grado: _____

Tema de la clase: _____

¿Por qué es valioso que el alumno comprenda esto: WIFM (What's In It For Me)? (Que hay aquí para mi)?
_____
_____

¿Cómo el profesor desarrollará y abordará la asignatura: clase magistral / preguntas y respuestas / resumen con ejercicios para que practique la comprensión de la aplicación y la demostración?:
_____
_____

¿Qué material de lectura y de apoyo proporcionó a los estudiantes?:
_____
_____

Autor: _____

Educación y experiencia del autor: _____

Reputación y perfil público del autor: _____

Preguntas mientras los estudiantes trabajan el material del día (Los estudiantes WIFM):

¿Por qué el autor incluyó este material?
_____

¿Cómo se integra este material con otros materiales / lecturas / presentaciones que han tenido?
_____

¿Cuál es el valor para el estudiante de aprender sobre esto?
_____

¿Cómo puede el alumno incorporar el material a su vida diaria?
_____

¿Cómo les brinda este material una habilidad que pueden usar para tomar mejores decisiones?
_____

Evaluación posterior a la clase de la eficacia del ejercicio

En una escala del 1 al 5, ¿cómo calificaría la actividad general y la experiencia de aprendizaje de los estudiantes? (1 siendo pobre o muy poco, 5 excelente)?

1   2   3   4   5

¿El ejercicio aumentó la participación y la acción de los estudiantes en la lección?
_____
_____

¿La información sobre el autor y sus antecedentes invitó a preguntas activas y al debate por los estudiantes?
_____
_____

¿Los estudiantes vieron la relación entre las actividades de la clase de hoy y otras clases o cursos por otros profesores?
_____
_____

¿Demostraron los estudiantes cómo podían aplicar lo que estaban escuchando o discutiendo en sus actividades del día a día?
_____
_____

¿Qué haría usted, maestro, de manera diferente la próxima vez?
_____
_____
_____
_____

Plan de lección para incorporar el pensamiento crítico

Clase / semana No: _____ Grado: _____

Tema de la clase: _____

¿Por qué es valioso que el alumno comprenda esto: WIFM (What's In It For Me)? (Que hay aquí para mi)?
_____
_____

¿Cómo el profesor desarrollará y abordará la asignatura: clase magistral / preguntas y respuestas / resumen con ejercicios para que practique la comprensión de la aplicación y la demostración?:
_____
_____

¿Qué material de lectura y de apoyo proporcionó a los estudiantes?:
_____
_____

Autor: _____

Educación y experiencia del autor: _____

Reputación y perfil público del autor: _____

Preguntas mientras los estudiantes trabajan el material del día (Los estudiantes WIFM):

¿Por qué el autor incluyó este material?
_____

¿Cómo se integra este material con otros materiales / lecturas / presentaciones que han tenido?
_____

¿Cuál es el valor para el estudiante de aprender sobre esto?
_____

¿Cómo puede el alumno incorporar el material a su vida diaria?
_____

¿Cómo les brinda este material una habilidad que pueden usar para tomar mejores decisiones?
_____

Evaluación posterior a la clase de la eficacia del ejercicio

En una escala del 1 al 5, ¿cómo calificaría la actividad general y la experiencia de aprendizaje de los estudiantes? (1 siendo pobre o muy poco, 5 excelente)?

1   2   3   4   5

¿El ejercicio aumentó la participación y la acción de los estudiantes en la lección?
_____
_____

¿La información sobre el autor y sus antecedentes invitó a preguntas activas y al debate por los estudiantes?
_____
_____

¿Los estudiantes vieron la relación entre las actividades de la clase de hoy y otras clases o cursos por otros profesores?
_____
_____

¿Demostraron los estudiantes cómo podían aplicar lo que estaban escuchando o discutiendo en sus actividades del día a día?
_____
_____

¿Qué haría usted, maestro, de manera diferente la próxima vez?
_____
_____
_____
_____

Plan de lección para incorporar el pensamiento crítico

Clase / semana No: _____ Grado: _____

Tema de la clase: _____

¿Por qué es valioso que el alumno comprenda esto: WIFM (What's In It For Me)? (Que hay aquí para mi)?
_____
_____

¿Cómo el profesor desarrollará y abordará la asignatura: clase magistral / preguntas y respuestas / resumen con ejercicios para que practique la comprensión de la aplicación y la demostración?:
_____
_____

¿Qué material de lectura y de apoyo proporcionó a los estudiantes?:
_____
_____

Autor: _____

Educación y experiencia del autor: _____

Reputación y perfil público del autor: _____

Preguntas mientras los estudiantes trabajan el material del día (Los estudiantes WIFM):

¿Por qué el autor incluyó este material?
_____

¿Cómo se integra este material con otros materiales / lecturas / presentaciones que han tenido?
_____

¿Cuál es el valor para el estudiante de aprender sobre esto?
_____

¿Cómo puede el alumno incorporar el material a su vida diaria?
_____

¿Cómo les brinda este material una habilidad que pueden usar para tomar mejores decisiones?
_____

Evaluación posterior a la clase de la eficacia del ejercicio

En una escala del 1 al 5, ¿cómo calificaría la actividad general y la experiencia de aprendizaje de los estudiantes? (1 siendo pobre o muy poco, 5 excelente)?

1 2 3 4 5

¿El ejercicio aumentó la participación y la acción de los estudiantes en la lección?
_____
_____

¿La información sobre el autor y sus antecedentes invitó a preguntas activas y al debate por los estudiantes?
_____
_____

¿Los estudiantes vieron la relación entre las actividades de la clase de hoy y otras clases o cursos por otros profesores?
_____
_____

¿Demostraron los estudiantes cómo podían aplicar lo que estaban escuchando o discutiendo en sus actividades del día a día?
_____
_____

¿Qué haría usted, maestro, de manera diferente la próxima vez?
_____
_____
_____
_____

Plan de lección para incorporar el pensamiento crítico

Clase / semana No: _____ Grado: _____

Tema de la clase: _____

¿Por qué es valioso que el alumno comprenda esto: WIFM (What's In It For Me)? (Que hay aquí para mi)?

_____

_____

¿Cómo el profesor desarrollará y abordará la asignatura: clase magistral / preguntas y respuestas / resumen con ejercicios para que practique la comprensión de la aplicación y la demostración?:

_____

_____

¿Qué material de lectura y de apoyo proporcionó a los estudiantes?:

_____

_____

Autor: _____

Educación y experiencia del autor: _____

Reputación y perfil público del autor: _____

Preguntas mientras los estudiantes trabajan el material del día (Los estudiantes WIFM):

¿Por qué el autor incluyó este material?

_____

¿Cómo se integra este material con otros materiales / lecturas / presentaciones que han tenido?

_____

¿Cuál es el valor para el estudiante de aprender sobre esto?

_____

¿Cómo puede el alumno incorporar el material a su vida diaria?

_____

¿Cómo les brinda este material una habilidad que pueden usar para tomar mejores decisiones?

_____

Evaluación posterior a la clase de la eficacia del ejercicio

En una escala del 1 al 5, ¿cómo calificaría la actividad general y la experiencia de aprendizaje de los estudiantes? (1 siendo pobre o muy poco, 5 excelente)?

1   2   3   4   5

¿El ejercicio aumentó la participación y la acción de los estudiantes en la lección?
_____
_____

¿La información sobre el autor y sus antecedentes invitó a preguntas activas y al debate por los estudiantes?
_____
_____

¿Los estudiantes vieron la relación entre las actividades de la clase de hoy y otras clases o cursos por otros profesores?
_____
_____

¿Demostraron los estudiantes cómo podían aplicar lo que estaban escuchando o discutiendo en sus actividades del día a día?
_____
_____

¿Qué haría usted, maestro, de manera diferente la próxima vez?
_____
_____
_____
_____

Plan de lección para incorporar el pensamiento crítico

Clase / semana No: _____ Grado: _____

Tema de la clase: _____

¿Por qué es valioso que el alumno comprenda esto: WIFM (What's In It For Me)? (Que hay aquí para mi)?
_____
_____

¿Cómo el profesor desarrollará y abordará la asignatura: clase magistral / preguntas y respuestas / resumen con ejercicios para que practique la comprensión de la aplicación y la demostración?:
_____
_____

¿Qué material de lectura y de apoyo proporcionó a los estudiantes?:
_____
_____

Autor: _____

Educación y experiencia del autor: _____

Reputación y perfil público del autor: _____

Preguntas mientras los estudiantes trabajan el material del día (Los estudiantes WIFM):

¿Por qué el autor incluyó este material?
_____

¿Cómo se integra este material con otros materiales / lecturas / presentaciones que han tenido?
_____

¿Cuál es el valor para el estudiante de aprender sobre esto?
_____

¿Cómo puede el alumno incorporar el material a su vida diaria?
_____

¿Cómo les brinda este material una habilidad que pueden usar para tomar mejores decisiones?
_____

Evaluación posterior a la clase de la eficacia del ejercicio

En una escala del 1 al 5, ¿cómo calificaría la actividad general y la experiencia de aprendizaje de los estudiantes? (1 siendo pobre o muy poco, 5 excelente)?

1   2   3   4   5

¿El ejercicio aumentó la participación y la acción de los estudiantes en la lección?
_____
_____

¿La información sobre el autor y sus antecedentes invitó a preguntas activas y al debate por los estudiantes?
_____
_____

¿Los estudiantes vieron la relación entre las actividades de la clase de hoy y otras clases o cursos por otros profesores?
_____
_____

¿Demostraron los estudiantes cómo podían aplicar lo que estaban escuchando o discutiendo en sus actividades del día a día?
_____
_____

¿Qué haría usted, maestro, de manera diferente la próxima vez?
_____
_____
_____
_____

Plan de lección para incorporar el pensamiento crítico

Clase / semana No: _____ Grado: _____

Tema de la clase: _____

¿Por qué es valioso que el alumno comprenda esto: WIFM (What's In It For Me)? (Que hay aquí para mi)?

_____

_____

¿Cómo el profesor desarrollará y abordará la asignatura: clase magistral / preguntas y respuestas / resumen con ejercicios para que practique la comprensión de la aplicación y la demostración?:

_____

_____

¿Qué material de lectura y de apoyo proporcionó a los estudiantes?:

_____

_____

Autor: _____

Educación y experiencia del autor: _____

Reputación y perfil público del autor: _____

Preguntas mientras los estudiantes trabajan el material del día (Los estudiantes WIFM):

¿Por qué el autor incluyó este material?

_____

¿Cómo se integra este material con otros materiales / lecturas / presentaciones que han tenido?

_____

¿Cuál es el valor para el estudiante de aprender sobre esto?

_____

¿Cómo puede el alumno incorporar el material a su vida diaria?

_____

¿Cómo les brinda este material una habilidad que pueden usar para tomar mejores decisiones?

_____

Evaluación posterior a la clase de la eficacia del ejercicio

En una escala del 1 al 5, ¿cómo calificaría la actividad general y la experiencia de aprendizaje de los estudiantes? (1 siendo pobre o muy poco, 5 excelente)?

1   2   3   4   5

¿El ejercicio aumentó la participación y la acción de los estudiantes en la lección?
_____
_____

¿La información sobre el autor y sus antecedentes invitó a preguntas activas y al debate por los estudiantes?
_____
_____

¿Los estudiantes vieron la relación entre las actividades de la clase de hoy y otras clases o cursos por otros profesores?
_____
_____

¿Demostraron los estudiantes cómo podían aplicar lo que estaban escuchando o discutiendo en sus actividades del día a día?
_____
_____

¿Qué haría usted, maestro, de manera diferente la próxima vez?
_____
_____
_____
_____

Plan de lección para incorporar el pensamiento crítico

Clase / semana No: _____ Grado: _____

Tema de la clase: _____

¿Por qué es valioso que el alumno comprenda esto: WIFM (What's In It For Me)? (Que hay aquí para mi)?
_____
_____

¿Cómo el profesor desarrollará y abordará la asignatura: clase magistral / preguntas y respuestas / resumen con ejercicios para que practique la comprensión de la aplicación y la demostración?:
_____
_____

¿Qué material de lectura y de apoyo proporcionó a los estudiantes?:
_____
_____

Autor: _____

Educación y experiencia del autor: _____

Reputación y perfil público del autor: _____

Preguntas mientras los estudiantes trabajan el material del día (Los estudiantes WIFM):

¿Por qué el autor incluyó este material?
_____

¿Cómo se integra este material con otros materiales / lecturas / presentaciones que han tenido?
_____

¿Cuál es el valor para el estudiante de aprender sobre esto?
_____

¿Cómo puede el alumno incorporar el material a su vida diaria?
_____

¿Cómo les brinda este material una habilidad que pueden usar para tomar mejores decisiones?
_____

Evaluación posterior a la clase de la eficacia del ejercicio

En una escala del 1 al 5, ¿cómo calificaría la actividad general y la experiencia de aprendizaje de los estudiantes? (1 siendo pobre o muy poco, 5 excelente)?

1   2   3   4   5

¿El ejercicio aumentó la participación y la acción de los estudiantes en la lección?
_____
_____

¿La información sobre el autor y sus antecedentes invitó a preguntas activas y al debate por los estudiantes?
_____
_____

¿Los estudiantes vieron la relación entre las actividades de la clase de hoy y otras clases o cursos por otros profesores?
_____
_____

¿Demostraron los estudiantes cómo podían aplicar lo que estaban escuchando o discutiendo en sus actividades del día a día?
_____
_____

¿Qué haría usted, maestro, de manera diferente la próxima vez?
_____
_____
_____
_____

Plan de lección para incorporar el pensamiento crítico

Clase / semana No: _____ Grado: _____

Tema de la clase: _____

¿Por qué es valioso que el alumno comprenda esto: WIFM (What's In It For Me)? (Que hay aquí para mi)?
_____
_____

¿Cómo el profesor desarrollará y abordará la asignatura: clase magistral / preguntas y respuestas / resumen con ejercicios para que practique la comprensión de la aplicación y la demostración?:
_____
_____

¿Qué material de lectura y de apoyo proporcionó a los estudiantes?:
_____
_____

Autor: _____

Educación y experiencia del autor: _____

Reputación y perfil público del autor: _____

Preguntas mientras los estudiantes trabajan el material del día (Los estudiantes WIFM):

¿Por qué el autor incluyó este material?
_____

¿Cómo se integra este material con otros materiales / lecturas / presentaciones que han tenido?
_____

¿Cuál es el valor para el estudiante de aprender sobre esto?
_____

¿Cómo puede el alumno incorporar el material a su vida diaria?
_____

¿Cómo les brinda este material una habilidad que pueden usar para tomar mejores decisiones?
_____

Evaluación posterior a la clase de la eficacia del ejercicio

En una escala del 1 al 5, ¿cómo calificaría la actividad general y la experiencia de aprendizaje de los estudiantes? (1 siendo pobre o muy poco, 5 excelente)?

1   2   3   4   5

¿El ejercicio aumentó la participación y la acción de los estudiantes en la lección?
_____
_____

¿La información sobre el autor y sus antecedentes invitó a preguntas activas y al debate por los estudiantes?
_____
_____

¿Los estudiantes vieron la relación entre las actividades de la clase de hoy y otras clases o cursos por otros profesores?
_____
_____

¿Demostraron los estudiantes cómo podían aplicar lo que estaban escuchando o discutiendo en sus actividades del día a día?
_____
_____

¿Qué haría usted, maestro, de manera diferente la próxima vez?
_____
_____
_____
_____

Plan de lección para incorporar el pensamiento crítico

Clase / semana No: _____   Grado: _____

Tema de la clase: _____

¿Por qué es valioso que el alumno comprenda esto: WIFM (What's In It For Me)? (Que hay aquí para mi)?
_____
_____

¿Cómo el profesor desarrollará y abordará la asignatura: clase magistral / preguntas y respuestas / resumen con ejercicios para que practique la comprensión de la aplicación y la demostración?:
_____
_____

¿Qué material de lectura y de apoyo proporcionó a los estudiantes?:
_____
_____

Autor: _____

Educación y experiencia del autor: _____

Reputación y perfil público del autor: _____

Preguntas mientras los estudiantes trabajan el material del día (Los estudiantes WIFM):

¿Por qué el autor incluyó este material?
_____

¿Cómo se integra este material con otros materiales / lecturas / presentaciones que han tenido?
_____

¿Cuál es el valor para el estudiante de aprender sobre esto?
_____

¿Cómo puede el alumno incorporar el material a su vida diaria?
_____

¿Cómo les brinda este material una habilidad que pueden usar para tomar mejores decisiones?
_____

© 2022 Guía Del Maestro Empodere A Sus Niños

Evaluación posterior a la clase de la eficacia del ejercicio

En una escala del 1 al 5, ¿cómo calificaría la actividad general y la experiencia de aprendizaje de los estudiantes? (1 siendo pobre o muy poco, 5 excelente)?

1   2   3   4   5

¿El ejercicio aumentó la participación y la acción de los estudiantes en la lección?
_____
_____

¿La información sobre el autor y sus antecedentes invitó a preguntas activas y al debate por los estudiantes?
_____
_____

¿Los estudiantes vieron la relación entre las actividades de la clase de hoy y otras clases o cursos por otros profesores?
_____
_____

¿Demostraron los estudiantes cómo podían aplicar lo que estaban escuchando o discutiendo en sus actividades del día a día?
_____
_____

¿Qué haría usted, maestro, de manera diferente la próxima vez?
_____
_____
_____
_____

Plan de lección para incorporar el pensamiento crítico

Clase / semana No: _____ Grado: _____

Tema de la clase: _____

¿Por qué es valioso que el alumno comprenda esto: WIFM (What's In It For Me)? (Que hay aquí para mi)?
_____
_____

¿Cómo el profesor desarrollará y abordará la asignatura: clase magistral / preguntas y respuestas / resumen con ejercicios para que practique la comprensión de la aplicación y la demostración?:
_____
_____

¿Qué material de lectura y de apoyo proporcionó a los estudiantes?:
_____
_____

Autor: _____

Educación y experiencia del autor: _____

Reputación y perfil público del autor: _____

Preguntas mientras los estudiantes trabajan el material del día (Los estudiantes WIFM):

¿Por qué el autor incluyó este material?
_____

¿Cómo se integra este material con otros materiales / lecturas / presentaciones que han tenido?
_____

¿Cuál es el valor para el estudiante de aprender sobre esto?
_____

¿Cómo puede el alumno incorporar el material a su vida diaria?
_____

¿Cómo les brinda este material una habilidad que pueden usar para tomar mejores decisiones?
_____

Evaluación posterior a la clase de la eficacia del ejercicio

En una escala del 1 al 5, ¿cómo calificaría la actividad general y la experiencia de aprendizaje de los estudiantes? (1 siendo pobre o muy poco, 5 excelente)?

1 2 3 4 5

¿El ejercicio aumentó la participación y la acción de los estudiantes en la lección?
_____
_____

¿La información sobre el autor y sus antecedentes invitó a preguntas activas y al debate por los estudiantes?
_____
_____

¿Los estudiantes vieron la relación entre las actividades de la clase de hoy y otras clases o cursos por otros profesores?
_____
_____

¿Demostraron los estudiantes cómo podían aplicar lo que estaban escuchando o discutiendo en sus actividades del día a día?
_____
_____

¿Qué haría usted, maestro, de manera diferente la próxima vez?
_____
_____
_____
_____

Plan de lección para incorporar el pensamiento crítico

Clase / semana No: _____ Grado: _____

Tema de la clase: _____

¿Por qué es valioso que el alumno comprenda esto: WIFM (What's In It For Me)? (Que hay aquí para mi)?
_____
_____

¿Cómo el profesor desarrollará y abordará la asignatura: clase magistral / preguntas y respuestas / resumen con ejercicios para que practique la comprensión de la aplicación y la demostración?:
_____
_____

¿Qué material de lectura y de apoyo proporcionó a los estudiantes?:
_____
_____

Autor: _____

Educación y experiencia del autor: _____

Reputación y perfil público del autor: _____

Preguntas mientras los estudiantes trabajan el material del día (Los estudiantes WIFM):

¿Por qué el autor incluyó este material?
_____

¿Cómo se integra este material con otros materiales / lecturas / presentaciones que han tenido?
_____

¿Cuál es el valor para el estudiante de aprender sobre esto?
_____

¿Cómo puede el alumno incorporar el material a su vida diaria?
_____

¿Cómo les brinda este material una habilidad que pueden usar para tomar mejores decisiones?
_____

Evaluación posterior a la clase de la eficacia del ejercicio

En una escala del 1 al 5, ¿cómo calificaría la actividad general y la experiencia de aprendizaje de los estudiantes? (1 siendo pobre o muy poco, 5 excelente)?

1   2   3   4   5

¿El ejercicio aumentó la participación y la acción de los estudiantes en la lección?
_____
_____

¿La información sobre el autor y sus antecedentes invitó a preguntas activas y al debate por los estudiantes?
_____
_____

¿Los estudiantes vieron la relación entre las actividades de la clase de hoy y otras clases o cursos por otros profesores?
_____
_____

¿Demostraron los estudiantes cómo podían aplicar lo que estaban escuchando o discutiendo en sus actividades del día a día?
_____
_____

¿Qué haría usted, maestro, de manera diferente la próxima vez?
_____
_____
_____
_____

Plan de lección para incorporar el pensamiento crítico

Clase / semana No: _____ Grado: _____

Tema de la clase: _____

¿Por qué es valioso que el alumno comprenda esto: WIFM (What's In It For Me)? (Que hay aquí para mi)?

_____

_____

¿Cómo el profesor desarrollará y abordará la asignatura: clase magistral / preguntas y respuestas / resumen con ejercicios para que practique la comprensión de la aplicación y la demostración?:

_____

_____

¿Qué material de lectura y de apoyo proporcionó a los estudiantes?:

_____

_____

Autor: _____

Educación y experiencia del autor: _____

Reputación y perfil público del autor: _____

Preguntas mientras los estudiantes trabajan el material del día (Los estudiantes WIFM):

¿Por qué el autor incluyó este material?

_____

¿Cómo se integra este material con otros materiales / lecturas / presentaciones que han tenido?

_____

¿Cuál es el valor para el estudiante de aprender sobre esto?

_____

¿Cómo puede el alumno incorporar el material a su vida diaria?

_____

¿Cómo les brinda este material una habilidad que pueden usar para tomar mejores decisiones?

_____

Evaluación posterior a la clase de la eficacia del ejercicio

En una escala del 1 al 5, ¿cómo calificaría la actividad general y la experiencia de aprendizaje de los estudiantes? (1 siendo pobre o muy poco, 5 excelente)?

1   2   3   4   5

¿El ejercicio aumentó la participación y la acción de los estudiantes en la lección?
_____
_____

¿La información sobre el autor y sus antecedentes invitó a preguntas activas y al debate por los estudiantes?
_____
_____

¿Los estudiantes vieron la relación entre las actividades de la clase de hoy y otras clases o cursos por otros profesores?
_____
_____

¿Demostraron los estudiantes cómo podían aplicar lo que estaban escuchando o discutiendo en sus actividades del día a día?
_____
_____

¿Qué haría usted, maestro, de manera diferente la próxima vez?
_____
_____
_____
_____

Plan de lección para incorporar el pensamiento crítico

Clase / semana No: _____ Grado: _____

Tema de la clase: _____

¿Por qué es valioso que el alumno comprenda esto: WIFM (What's In It For Me)? (Que hay aquí para mi)?
_____
_____

¿Cómo el profesor desarrollará y abordará la asignatura: clase magistral / preguntas y respuestas / resumen con ejercicios para que practique la comprensión de la aplicación y la demostración?:
_____
_____

¿Qué material de lectura y de apoyo proporcionó a los estudiantes?:
_____
_____

Autor: _____

Educación y experiencia del autor: _____

Reputación y perfil público del autor: _____

Preguntas mientras los estudiantes trabajan el material del día (Los estudiantes WIFM):

¿Por qué el autor incluyó este material?
_____

¿Cómo se integra este material con otros materiales / lecturas / presentaciones que han tenido?
_____

¿Cuál es el valor para el estudiante de aprender sobre esto?
_____

¿Cómo puede el alumno incorporar el material a su vida diaria?
_____

¿Cómo les brinda este material una habilidad que pueden usar para tomar mejores decisiones?
_____

Evaluación posterior a la clase de la eficacia del ejercicio

En una escala del 1 al 5, ¿cómo calificaría la actividad general y la experiencia de aprendizaje de los estudiantes? (1 siendo pobre o muy poco, 5 excelente)?

1   2   3   4   5

¿El ejercicio aumentó la participación y la acción de los estudiantes en la lección?
_____
_____

¿La información sobre el autor y sus antecedentes invitó a preguntas activas y al debate por los estudiantes?
_____
_____

¿Los estudiantes vieron la relación entre las actividades de la clase de hoy y otras clases o cursos por otros profesores?
_____
_____

¿Demostraron los estudiantes cómo podían aplicar lo que estaban escuchando o discutiendo en sus actividades del día a día?
_____
_____

¿Qué haría usted, maestro, de manera diferente la próxima vez?
_____
_____
_____
_____

Plan de lección para incorporar el pensamiento crítico

Clase / semana No: _____ Grado: _____

Tema de la clase: _____

¿Por qué es valioso que el alumno comprenda esto: WIFM (What's In It For Me)? (Que hay aquí para mi)?
_____
_____

¿Cómo el profesor desarrollará y abordará la asignatura: clase magistral / preguntas y respuestas / resumen con ejercicios para que practique la comprensión de la aplicación y la demostración?:
_____
_____

¿Qué material de lectura y de apoyo proporcionó a los estudiantes?:
_____
_____

Autor: _____

Educación y experiencia del autor: _____

Reputación y perfil público del autor: _____

Preguntas mientras los estudiantes trabajan el material del día (Los estudiantes WIFM):

¿Por qué el autor incluyó este material?
_____

¿Cómo se integra este material con otros materiales / lecturas / presentaciones que han tenido?
_____

¿Cuál es el valor para el estudiante de aprender sobre esto?
_____

¿Cómo puede el alumno incorporar el material a su vida diaria?
_____

¿Cómo les brinda este material una habilidad que pueden usar para tomar mejores decisiones?
_____

Evaluación posterior a la clase de la eficacia del ejercicio

En una escala del 1 al 5, ¿cómo calificaría la actividad general y la experiencia de aprendizaje de los estudiantes? (1 siendo pobre o muy poco, 5 excelente)?

1   2   3   4   5

¿El ejercicio aumentó la participación y la acción de los estudiantes en la lección?
_____
_____

¿La información sobre el autor y sus antecedentes invitó a preguntas activas y al debate por los estudiantes?
_____
_____

¿Los estudiantes vieron la relación entre las actividades de la clase de hoy y otras clases o cursos por otros profesores?
_____
_____

¿Demostraron los estudiantes cómo podían aplicar lo que estaban escuchando o discutiendo en sus actividades del día a día?
_____
_____

¿Qué haría usted, maestro, de manera diferente la próxima vez?
_____
_____
_____
_____

Plan de lección para incorporar el pensamiento crítico

Clase / semana No: _____ Grado: _____

Tema de la clase: _____

¿Por qué es valioso que el alumno comprenda esto: WIFM (What's In It For Me)? (Que hay aquí para mi)?
_____
_____

¿Cómo el profesor desarrollará y abordará la asignatura: clase magistral / preguntas y respuestas / resumen con ejercicios para que practique la comprensión de la aplicación y la demostración?:
_____
_____

¿Qué material de lectura y de apoyo proporcionó a los estudiantes?:
_____
_____

Autor: _____

Educación y experiencia del autor: _____

Reputación y perfil público del autor: _____

Preguntas mientras los estudiantes trabajan el material del día (Los estudiantes WIFM):

¿Por qué el autor incluyó este material?
_____

¿Cómo se integra este material con otros materiales / lecturas / presentaciones que han tenido?
_____

¿Cuál es el valor para el estudiante de aprender sobre esto?
_____

¿Cómo puede el alumno incorporar el material a su vida diaria?
_____

¿Cómo les brinda este material una habilidad que pueden usar para tomar mejores decisiones?
_____

Evaluación posterior a la clase de la eficacia del ejercicio

En una escala del 1 al 5, ¿cómo calificaría la actividad general y la experiencia de aprendizaje de los estudiantes? (1 siendo pobre o muy poco, 5 excelente)?

1   2   3   4   5

¿El ejercicio aumentó la participación y la acción de los estudiantes en la lección?
_____
_____

¿La información sobre el autor y sus antecedentes invitó a preguntas activas y al debate por los estudiantes?
_____
_____

¿Los estudiantes vieron la relación entre las actividades de la clase de hoy y otras clases o cursos por otros profesores?
_____
_____

¿Demostraron los estudiantes cómo podían aplicar lo que estaban escuchando o discutiendo en sus actividades del día a día?
_____
_____

¿Qué haría usted, maestro, de manera diferente la próxima vez?
_____
_____
_____
_____

Plan de lección para incorporar el pensamiento crítico

Clase / semana No: _____   Grado: _____

Tema de la clase: _____

¿Por qué es valioso que el alumno comprenda esto: WIFM (What's In It For Me)? (Que hay aquí para mi)?
_____
_____

¿Cómo el profesor desarrollará y abordará la asignatura: clase magistral / preguntas y respuestas / resumen con ejercicios para que practique la comprensión de la aplicación y la demostración?:
_____
_____

¿Qué material de lectura y de apoyo proporcionó a los estudiantes?:
_____
_____

Autor: _____

Educación y experiencia del autor: _____

Reputación y perfil público del autor: _____

Preguntas mientras los estudiantes trabajan el material del día (Los estudiantes WIFM):

¿Por qué el autor incluyó este material?
_____

¿Cómo se integra este material con otros materiales / lecturas / presentaciones que han tenido?
_____

¿Cuál es el valor para el estudiante de aprender sobre esto?
_____

¿Cómo puede el alumno incorporar el material a su vida diaria?
_____

¿Cómo les brinda este material una habilidad que pueden usar para tomar mejores decisiones?
_____

Evaluación posterior a la clase de la eficacia del ejercicio

En una escala del 1 al 5, ¿cómo calificaría la actividad general y la experiencia de aprendizaje de los estudiantes? (1 siendo pobre o muy poco, 5 excelente)?

1   2   3   4   5

¿El ejercicio aumentó la participación y la acción de los estudiantes en la lección?
_____
_____

¿La información sobre el autor y sus antecedentes invitó a preguntas activas y al debate por los estudiantes?
_____
_____

¿Los estudiantes vieron la relación entre las actividades de la clase de hoy y otras clases o cursos por otros profesores?
_____
_____

¿Demostraron los estudiantes cómo podían aplicar lo que estaban escuchando o discutiendo en sus actividades del día a día?
_____
_____

¿Qué haría usted, maestro, de manera diferente la próxima vez?
_____
_____
_____
_____

Plan de lección para incorporar el pensamiento crítico

Clase / semana No: _____ Grado: _____

Tema de la clase: _____

¿Por qué es valioso que el alumno comprenda esto: WIFM (What's In It For Me)? (Que hay aquí para mi)?
_____
_____

¿Cómo el profesor desarrollará y abordará la asignatura: clase magistral / preguntas y respuestas / resumen con ejercicios para que practique la comprensión de la aplicación y la demostración?:
_____
_____

¿Qué material de lectura y de apoyo proporcionó a los estudiantes?:
_____
_____

Autor: _____

Educación y experiencia del autor: _____

Reputación y perfil público del autor: _____

Preguntas mientras los estudiantes trabajan el material del día (Los estudiantes WIFM):

¿Por qué el autor incluyó este material?
_____

¿Cómo se integra este material con otros materiales / lecturas / presentaciones que han tenido?
_____

¿Cuál es el valor para el estudiante de aprender sobre esto?
_____

¿Cómo puede el alumno incorporar el material a su vida diaria?
_____

¿Cómo les brinda este material una habilidad que pueden usar para tomar mejores decisiones?
_____

Evaluación posterior a la clase de la eficacia del ejercicio

En una escala del 1 al 5, ¿cómo calificaría la actividad general y la experiencia de aprendizaje de los estudiantes? (1 siendo pobre o muy poco, 5 excelente)?

1   2   3   4   5

¿El ejercicio aumentó la participación y la acción de los estudiantes en la lección?
_____
_____

¿La información sobre el autor y sus antecedentes invitó a preguntas activas y al debate por los estudiantes?
_____
_____

¿Los estudiantes vieron la relación entre las actividades de la clase de hoy y otras clases o cursos por otros profesores?
_____
_____

¿Demostraron los estudiantes cómo podían aplicar lo que estaban escuchando o discutiendo en sus actividades del día a día?
_____
_____

¿Qué haría usted, maestro, de manera diferente la próxima vez?
_____
_____
_____
_____

Plan de lección para incorporar el pensamiento crítico

Clase / semana No: _____ Grado: _____

Tema de la clase: _____

¿Por qué es valioso que el alumno comprenda esto: WIFM (What's In It For Me)? (Que hay aquí para mi)?

_____

_____

¿Cómo el profesor desarrollará y abordará la asignatura: clase magistral / preguntas y respuestas / resumen con ejercicios para que practique la comprensión de la aplicación y la demostración?:

_____

_____

¿Qué material de lectura y de apoyo proporcionó a los estudiantes?:

_____

_____

Autor: _____

Educación y experiencia del autor: _____

Reputación y perfil público del autor: _____

Preguntas mientras los estudiantes trabajan el material del día (Los estudiantes WIFM):

¿Por qué el autor incluyó este material?

_____

¿Cómo se integra este material con otros materiales / lecturas / presentaciones que han tenido?

_____

¿Cuál es el valor para el estudiante de aprender sobre esto?

_____

¿Cómo puede el alumno incorporar el material a su vida diaria?

_____

¿Cómo les brinda este material una habilidad que pueden usar para tomar mejores decisiones?

_____

© 2022 Guía Del Maestro Empodere A Sus Niños

Evaluación posterior a la clase de la eficacia del ejercicio

En una escala del 1 al 5, ¿cómo calificaría la actividad general y la experiencia de aprendizaje de los estudiantes? (1 siendo pobre o muy poco, 5 excelente)?

1   2   3   4   5

¿El ejercicio aumentó la participación y la acción de los estudiantes en la lección?
_____
_____

¿La información sobre el autor y sus antecedentes invitó a preguntas activas y al debate por los estudiantes?
_____
_____

¿Los estudiantes vieron la relación entre las actividades de la clase de hoy y otras clases o cursos por otros profesores?
_____
_____

¿Demostraron los estudiantes cómo podían aplicar lo que estaban escuchando o discutiendo en sus actividades del día a día?
_____
_____

¿Qué haría usted, maestro, de manera diferente la próxima vez?
_____
_____
_____
_____

Plan de lección para incorporar el pensamiento crítico

Clase / semana No: _____ Grado: _____

Tema de la clase: _____

¿Por qué es valioso que el alumno comprenda esto: WIFM (What's In It For Me)? (Que hay aquí para mi)?
_____
_____

¿Cómo el profesor desarrollará y abordará la asignatura: clase magistral / preguntas y respuestas / resumen con ejercicios para que practique la comprensión de la aplicación y la demostración?:
_____
_____

¿Qué material de lectura y de apoyo proporcionó a los estudiantes?:
_____
_____

Autor: _____

Educación y experiencia del autor: _____

Reputación y perfil público del autor: _____

Preguntas mientras los estudiantes trabajan el material del día (Los estudiantes WIFM):

¿Por qué el autor incluyó este material?
_____

¿Cómo se integra este material con otros materiales / lecturas / presentaciones que han tenido?
_____

¿Cuál es el valor para el estudiante de aprender sobre esto?
_____

¿Cómo puede el alumno incorporar el material a su vida diaria?
_____

¿Cómo les brinda este material una habilidad que pueden usar para tomar mejores decisiones?
_____

Evaluación posterior a la clase de la eficacia del ejercicio

En una escala del 1 al 5, ¿cómo calificaría la actividad general y la experiencia de aprendizaje de los estudiantes? (1 siendo pobre o muy poco, 5 excelente)?

1   2   3   4   5

¿El ejercicio aumentó la participación y la acción de los estudiantes en la lección?
_____
_____

¿La información sobre el autor y sus antecedentes invitó a preguntas activas y al debate por los estudiantes?
_____
_____

¿Los estudiantes vieron la relación entre las actividades de la clase de hoy y otras clases o cursos por otros profesores?
_____
_____

¿Demostraron los estudiantes cómo podían aplicar lo que estaban escuchando o discutiendo en sus actividades del día a día?
_____
_____

¿Qué haría usted, maestro, de manera diferente la próxima vez?
_____
_____
_____
_____

Plan de lección para incorporar el pensamiento crítico

Clase / semana No: _____ Grado: _____

Tema de la clase: _____

¿Por qué es valioso que el alumno comprenda esto: WIFM (What's In It For Me)? (Que hay aquí para mi)?
_____
_____

¿Cómo el profesor desarrollará y abordará la asignatura: clase magistral / preguntas y respuestas / resumen con ejercicios para que practique la comprensión de la aplicación y la demostración?:
_____
_____

¿Qué material de lectura y de apoyo proporcionó a los estudiantes?:
_____
_____

Autor: _____

Educación y experiencia del autor: _____

Reputación y perfil público del autor: _____

Preguntas mientras los estudiantes trabajan el material del día (Los estudiantes WIFM):

¿Por qué el autor incluyó este material?
_____

¿Cómo se integra este material con otros materiales / lecturas / presentaciones que han tenido?
_____

¿Cuál es el valor para el estudiante de aprender sobre esto?
_____

¿Cómo puede el alumno incorporar el material a su vida diaria?
_____

¿Cómo les brinda este material una habilidad que pueden usar para tomar mejores decisiones?
_____

© 2022 Guía Del Maestro Empodere A Sus Niños

Evaluación posterior a la clase de la eficacia del ejercicio

En una escala del 1 al 5, ¿cómo calificaría la actividad general y la experiencia de aprendizaje de los estudiantes? (1 siendo pobre o muy poco, 5 excelente)?

1   2   3   4   5

¿El ejercicio aumentó la participación y la acción de los estudiantes en la lección?
_____
_____

¿La información sobre el autor y sus antecedentes invitó a preguntas activas y al debate por los estudiantes?
_____
_____

¿Los estudiantes vieron la relación entre las actividades de la clase de hoy y otras clases o cursos por otros profesores?
_____
_____

¿Demostraron los estudiantes cómo podían aplicar lo que estaban escuchando o discutiendo en sus actividades del día a día?
_____
_____

¿Qué haría usted, maestro, de manera diferente la próxima vez?
_____
_____
_____
_____

Plan de lección para incorporar el pensamiento crítico

Clase / semana No: _____   Grado: _____

Tema de la clase: _____

¿Por qué es valioso que el alumno comprenda esto: WIFM (What's In It For Me)? (Que hay aquí para mi)?
_____
_____

¿Cómo el profesor desarrollará y abordará la asignatura: clase magistral / preguntas y respuestas / resumen con ejercicios para que practique la comprensión de la aplicación y la demostración?:
_____
_____

¿Qué material de lectura y de apoyo proporcionó a los estudiantes?:
_____
_____

Autor: _____

Educación y experiencia del autor: _____

Reputación y perfil público del autor: _____

Preguntas mientras los estudiantes trabajan el material del día (Los estudiantes WIFM):

¿Por qué el autor incluyó este material?
_____

¿Cómo se integra este material con otros materiales / lecturas / presentaciones que han tenido?
_____

¿Cuál es el valor para el estudiante de aprender sobre esto?
_____

¿Cómo puede el alumno incorporar el material a su vida diaria?
_____

¿Cómo les brinda este material una habilidad que pueden usar para tomar mejores decisiones?
_____

Evaluación posterior a la clase de la eficacia del ejercicio

En una escala del 1 al 5, ¿cómo calificaría la actividad general y la experiencia de aprendizaje de los estudiantes? (1 siendo pobre o muy poco, 5 excelente)?

1   2   3   4   5

¿El ejercicio aumentó la participación y la acción de los estudiantes en la lección?
_____
_____

¿La información sobre el autor y sus antecedentes invitó a preguntas activas y al debate por los estudiantes?
_____
_____

¿Los estudiantes vieron la relación entre las actividades de la clase de hoy y otras clases o cursos por otros profesores?
_____
_____

¿Demostraron los estudiantes cómo podían aplicar lo que estaban escuchando o discutiendo en sus actividades del día a día?
_____
_____

¿Qué haría usted, maestro, de manera diferente la próxima vez?
_____
_____
_____
_____

Plan de lección para incorporar el pensamiento crítico

Clase / semana No: _____   Grado: _____

Tema de la clase: _____

¿Por qué es valioso que el alumno comprenda esto: WIFM (What's In It For Me)? (Que hay aquí para mi)?
_____
_____

¿Cómo el profesor desarrollará y abordará la asignatura: clase magistral / preguntas y respuestas / resumen con ejercicios para que practique la comprensión de la aplicación y la demostración?:
_____
_____

¿Qué material de lectura y de apoyo proporcionó a los estudiantes?:
_____
_____

Autor: _____

Educación y experiencia del autor: _____

Reputación y perfil público del autor: _____

Preguntas mientras los estudiantes trabajan el material del día (Los estudiantes WIFM):

¿Por qué el autor incluyó este material?
_____

¿Cómo se integra este material con otros materiales / lecturas / presentaciones que han tenido?
_____

¿Cuál es el valor para el estudiante de aprender sobre esto?
_____

¿Cómo puede el alumno incorporar el material a su vida diaria?
_____

¿Cómo les brinda este material una habilidad que pueden usar para tomar mejores decisiones?
_____

Evaluación posterior a la clase de la eficacia del ejercicio

En una escala del 1 al 5, ¿cómo calificaría la actividad general y la experiencia de aprendizaje de los estudiantes? (1 siendo pobre o muy poco, 5 excelente)?

1   2   3   4   5

¿El ejercicio aumentó la participación y la acción de los estudiantes en la lección?
_____
_____

¿La información sobre el autor y sus antecedentes invitó a preguntas activas y al debate por los estudiantes?
_____
_____

¿Los estudiantes vieron la relación entre las actividades de la clase de hoy y otras clases o cursos por otros profesores?
_____
_____

¿Demostraron los estudiantes cómo podían aplicar lo que estaban escuchando o discutiendo en sus actividades del día a día?
_____
_____

¿Qué haría usted, maestro, de manera diferente la próxima vez?
_____
_____
_____
_____

Plan de lección para incorporar el pensamiento crítico

Clase / semana No: _____   Grado: _____

Tema de la clase: _____

¿Por qué es valioso que el alumno comprenda esto: WIFM (What's In It For Me)? (Que hay aquí para mi)?
_____
_____

¿Cómo el profesor desarrollará y abordará la asignatura: clase magistral / preguntas y respuestas / resumen con ejercicios para que practique la comprensión de la aplicación y la demostración?:
_____
_____

¿Qué material de lectura y de apoyo proporcionó a los estudiantes?:
_____
_____

Autor: _____

Educación y experiencia del autor: _____

Reputación y perfil público del autor: _____

Preguntas mientras los estudiantes trabajan el material del día (Los estudiantes WIFM):

¿Por qué el autor incluyó este material?
_____

¿Cómo se integra este material con otros materiales / lecturas / presentaciones que han tenido?
_____

¿Cuál es el valor para el estudiante de aprender sobre esto?
_____

¿Cómo puede el alumno incorporar el material a su vida diaria?
_____

¿Cómo les brinda este material una habilidad que pueden usar para tomar mejores decisiones?
_____

Evaluación posterior a la clase de la eficacia del ejercicio

En una escala del 1 al 5, ¿cómo calificaría la actividad general y la experiencia de aprendizaje de los estudiantes? (1 siendo pobre o muy poco, 5 excelente)?

1   2   3   4   5

¿El ejercicio aumentó la participación y la acción de los estudiantes en la lección?
_____
_____

¿La información sobre el autor y sus antecedentes invitó a preguntas activas y al debate por los estudiantes?
_____
_____

¿Los estudiantes vieron la relación entre las actividades de la clase de hoy y otras clases o cursos por otros profesores?
_____
_____

¿Demostraron los estudiantes cómo podían aplicar lo que estaban escuchando o discutiendo en sus actividades del día a día?
_____
_____

¿Qué haría usted, maestro, de manera diferente la próxima vez?
_____
_____
_____
_____